D1929390

Götter · Mythen · Kulturen

Die Wikinger

Götter · Mythen · Kulturen

Die Wikinger

NEUER
HONOS
VERLAG

© Quantum Books Ltd
Titel der englischen Ausgabe:
Ancient Cultures • Myths and Legends of the Vikings

© 2001 für die deutschsprachige Ausgabe:
NEUER HONOS VERLAG, Köln
Übersetzung aus dem Englischen: Wiebke Krabbe, Damlos
Redaktion: Das Redaktionsbüro, Köln
Satz: ce redaktionsbüro für digitales publizieren, Erkelenz
Gesamtherstellung: NEUER HONOS VERLAG, Köln

Alle Rechte vorbehalten.

INHALT

EINLEITUNG

Die Wikinger lebten in Ländern, die nicht sonderlich behaglich waren: Die Sommer waren kurz, die Winter lang, und im Norden drohten die Gletscher. Sie suchten nach Erklärungen für die Dinge, die sie um sich herum beobachteten. Das Grollen des Donners musste von Thor herrühren, der seinen gewaltigen Hammer Mjölnir nach den Frostriesen warf. Und das Krachen der Gletscher musste das Geschrei eben dieser Riesen sein. Der Regenbogen war sicherlich eine Brücke zwischen dem Land der Götter und dem der Sterblichen.

Gegenüber: Dieses Bild aus dem 19. Jahrhundert zeigt Odins wilde Jagd. Für die Wikinger war es der Beginn heftiger Stürme, wenn Odin seine wilde Jagd über den Himmel anführte.

Die Sagen der Wikinger sind die Sagen der Norweger, und diese wiederum sind die am besten überlieferte Fassung der teutonischen Sagen. Irgendwie scheint es passend, dass die besten Aufzeichnungen der Wikingersagen aus einer Gegend stammen, die immer ein Außenposten war: Island.

DIE WIKINGER

Die Wikinger waren ein teutonisches Volk, das sich zwischen dem späten 8. Jahrhundert und der Mitte des 9. Jahrhunderts in Skandinavien niederließ. Eine Mischung aus Ritterlichkeit und Grausamkeit war ihnen eigen. Sie zogen plündernd über die Ostküste der briti-

Unten: Ein Keramikfragment mit Verzierungen aus der Wikingerzeit

schen Hauptinsel, töteten Männer und Kinder und vergewaltigten Frauen, ehe sie auch diese töteten. Grausam ermordeten sie friedliche Bauern und Fischer – doch dürfen wir nicht vergessen, dass sie auch in einer insgesamt grausigen Zeit lebten. Damals etwa war es bei den Gälen im nördlichen Schottland ein Volkssport, Säuglinge aufzuspießen.
Der Unterschied zwischen den Wikingern und solchen Wilden wie den Gälen bestand darin, dass die Wikinger sich für ihre Handlungen eine Art philosophischen Hintergrund aufgebaut hatten: Ihre Sagen gaben ihnen die Möglichkeit, ihr grausames Verhalten zu rechtfertigen. Die Götter wollten, dass die Menschen selbst im Tod geradezu unmenschlich tapfer waren. Darum galt es als Zeichen des Respekts vor einem besiegten Feind, ihm möglichst großes Leid zuzufügen, damit er den Göttern seine Tapferkeit beweisen könne. Allerdings zeigten die Wikinger in dieser Hinsicht große Fairness. War es ein Wikinger, dem ähnliche Grausamkeiten angetan wurden, erwarteten sie von ihm, dass er dies ohne große Klage ertrug und ohne Groll auf seine Peiniger in den Tod ging. Das ganze ethische System der Wikinger ähnelte dem eines Schulhofes – nur dass die Brutalen (die Wikinger) von den Lehrern (den Göttern) in ihrer Brutalität eher ermutigt als gebremst wurden.

Krieg und Plünderung

Auf den ersten Blick scheint wenig Positives am Volk der Wikinger zu sein. Ihre Kultur gründete sich auf Krieg, Plünderung, Vergewaltigung und anderen Verbrechen, die wir heute abscheulich finden. Allerdings fand die Mehrzahl der Wikinger diese Verbrechen auch

Links: Die Anordnung der Steine in Lindholm Høje (Dänemark) erinnert an Wikingerschiffe und an die Wikinger, die hier begraben wurden.

schrecklich. Die meisten Wikinger waren froh, dass ihre Krieger über das Meer fuhren und ferne Länder terrorisierten – wenn schon Unschuldige abgeschlachtet werden mussten, dann war es doch besser, wenn man selbst nicht zu den Opfern gehörte und wenn die Grausamkeiten in weiter Ferne stattfanden und man selbst daran nicht beteiligt war. Doch auch die grausamsten Krieger der Wikinger hielten sich streng an ihre ethischen

Oben: In Thingvellir (Island) kann man noch die Ruinen einer alten Wikingersiedlung erkennen.

Regeln. Die meisten dieser Regeln hatten jedoch mit unseren modernen Geboten wenig gemein. In einem Gedicht gibt Odin Hinweise, wie man verhindert, betrogen zu werden oder versehentlich Dummheiten zu begehen. Nach den christlichen Geboten gilt der Ehebruch als Sünde. Für Odin ist nichts dagegen einzuwenden, solange man sich nicht von einer eifersüchtigen Ehefrau erwischen lässt oder in einem unvorsichtigen Moment der Leidenschaft der Geliebten gefährliche Geheimnisse ins Ohr flüstert.

Doch so sehr wir auch an den Inhalten dieser ethischen Regeln zweifeln mögen: Wir müssen immerhin zugeben, dass es sie gab. Die Kelten, die etwa zur gleichen Zeit lebten, hat-

Gegenüber: Die Reste einer Wikingerkirche in Hvalsoe, Grönland

Unten: Ein Ort an der Ostküste Neufundlands. Hier hat Leif Eriksson vermutlich um das Jahr 1000 n. Chr. seine kurzlebige Kolonie Vinland gegründet.

ten zwar wesentlich strengere Regeln, doch auch sie konnten unglaublich grausam sein. Das ethische System der christlichen Völker, deren Mythologie für die Wikinger nicht ohne Auswirkungen blieb, gründete sich zwar auf Güte und Nächstenliebe, doch auch sie benutzten es als Rechtfertigung, um Menschen lebendig zu verbrennen. Die griechische Moral, die auch nicht allzu zartfühlend war, wurde von den Römern in ein so grässliches System verwandelt, dass uns die Worte fehlen.

Das literarische Erbe der Wikinger
Kehren wir zu den Wikingern zurück. Es ist schwierig, ihre Bedeutung für unsere moderne Kultur einzuschätzen, wahrscheinlich war ihr Einfluss nur klein.
Die Sagen aber, die uns das norwegische Volk hinterlassen hat – auch wenn es nur Bruchstücke waren – haben unsere Fantasie stark angeregt. J. R. R. Tolkiens *Herr der Ringe* baut auf diesen Sagen auf, ebenso Tilman Röhrigs *Erik der Rote oder die Suche mach dem Glück*. Klaus Peter Lieckfelds *Das Buch Haithabu* gründet sich ganz direkt auf die Wikingerfeldzüge und die Legenden von Walhalla.
Das gesamte Genre des »Fighting Fantasy« basiert auf den norwegischen Sagen, und die Bücherliste ist lang.

Wahrheit oder Legende?
Bis vor wenigen Jahrzehnten hat man angenommen, dass die Legenden der Wikinger ausnahmslos auf erfundenen Geschichten beruhten. In der jüngsten Vergangenheit aber wurden stichhaltige Beweise dafür gefunden,

Rechts: Das Detail aus einem Wandbehang in der Kirche von Baldishol Stave (Norwegen) zeigt einen Wikinger-Krieger hoch zu Ross.

dass einige der Sagen durchaus auf wahren Personen und Ereignissen basieren. Die Sage von Erik dem Roten erzählt, wie dieser mächtige Krieger von Skandinavien aus in See stach, um ein neues Land im Westen zu entdecken. Er nannte es »Grönland« und gründete dort 985 n. Chr. eine Wikingerkolonie. Die Kolonie war nicht sonderlich bedeutend, doch sie diente Eriks ehrgeizigerem Sohn Leif Eriksson als Ausgangspunkt für seine Reise über den Atlantischen Ozean zur Ostküste Nordamerikas, wo er die Kolonie »Vinland« gründete. Reste dieser Kolonie sind vor kurzem entdeckt worden.

Die Wikinger zogen auch nach Süden bis zum Mittelmeer und bedrohten sogar einmal – gemeinsam mit den Kelten – das Römische Weltreich. In diesem Zusammenhang muss man die Sagen und Legenden der Wikinger durchaus ernst nehmen.

HANDELSVERBINDUNGEN

Warum reisten die Wikinger? Das Leben in ihrer Heimat war rau. Wenn ein junger Mann kein Land und keine handwerklichen Fähigkeiten besaß, was konnte er tun? Wenn er kräftig und intelligent war, so hatte er gute Chancen, sein Vermögen durch internationalen Handel zu verdienen.

Die Handelsstraßen der Wikinger reichten von Irland im Westen bis Bagdad und Konstantinopel im Osten. Dort trafen sie auf die berühmten Handelswege nach Asien, die »Seidenstraße« und die »Gewürzstraße«, die Europa mit Indien, Zentralasien und China verband. Eine Reise zu einem dieser Ziele konnte gut und gern ein Jahr dauern, darum lohnte sie sich nur, wenn man wirklich wertvolle Waren anzubieten hatte. Man hat in alten Wikingersiedlungen wertvolle Gegenstände aus fernen Ländern gefunden, aber auch Produkte der Wikinger bei Ausgrabungen in Europa und in den Mittelmeerländern. Die Wikinger bezahlten zwar gelegentlich

Links: Eine Karte, von der man annimmt, dass sie von Sigurdur Stefánsson gezeichnet wurde.

Der Mythos von Schöpfung und Zerstörung

Vorige Seite: Zwei Drachen auf einem behauenen Stein aus Öland, Schweden. Solche mythischen Wesen spielen in den Sagen der Wikinger eine wichtige Rolle.

Unten: Ein wikingisch-christliches Kreuz in Gosforth im englischen Cumbria. Man nimmt an, dass die Muster im unteren Bereich den Baum Yggdrasil darstellen.

Die umfangreiche norwegische Schöpfungsgeschichte erzählt von der Entstehung der neun Welten, die vom kosmischen Baum Yggdrasil getragen werden, und von ihren Bewohnern: Göttern, Riesen und Riesinnen, Zwergen und all den anderen sagenhaften Gestalten der nordischen Legenden. Zur nordischen Mythologie gehört auch eine Legende vom Weltuntergang Ragnarok, der am Ende der Zeit der Aesir, Vanir und Riesen Platz für eine neue Welt schafft.

DER ANFANG

Am Anfang gab es nichts. Nein, nicht ganz. Es gab einen endlosen Raum und einen Gott, den man Allvater nannte. Er war unsichtbar und hatte schon immer existiert. Er hatte noch elf andere Namen, darunter Speerschüttler, Wallach oder Herr über das Wetter. Die große Leere auf der Welt nannte man Ginnungagap. Lange bevor die Erde erschaffen wurde, entstand Yggdrasil, der Baum der Welt. Es war eine Esche, die alle neun Welten verbinden sollte.

DER KOSMOS DER WIKINGER

Unter einer seiner südlichen Wurzeln lag ein Reich mit Namen Muspell, das so heiß war, dass niemand dort leben konnte. Es wurde bewacht von dem Riesen Surtr, der mit einem brennenden Schwert bewaffnet war. Dies war der Ort des Feuers, von dem Funken hinab nach Ginnungagap flogen. Unter einer anderen Wurzel im Norden lag das Reich Niflheim, ein Land voll Nebel und Dunkelheit. Direkt unter der größten Wurzel lag Hvergelmir, ein blubbernder Kessel, der die zwölf gewaltigen Flüsse mit Wasser speiste. In dem Kessel lebte auch der schreckliche Drache Nidhug, der die Wurzeln des gewaltigen Baumes abfraß. Wenn er und seine wurmartigen Verbündeten es schaffen würden, den Baum zu zerstören, würde die Welt untergehen. Das Wasser aus den Flüssen von Hvergelmir floss strudelnd nach Ginnungagap und verwandelte sich, sobald es in die eisige Leere fiel, in Eisblöcke.

Weit unten in der Tiefe von Ginnungagap fielen die Funken aus Muspell auf die Eisblöcke, so dass große Dampfwolken aufstiegen. Der Dampf verwandelte sich in Raureif, der langsam ganz Ginnungagap erfüllte. Im Norden bei Niflheim tobten Stürme mit endlos fallendem, kaltem Regen. Im Süden bei Muspell erleuchteten die Funken den Himmel, wenn sie auf den aufsteigenden Raureif trafen. Dadurch entstand in der Mitte der ansteigenden Oberfläche ein gemäßigt warmes Meer. Die Verkörperung dieses Meeres ist der erste der bösen Frostriesen, Ymir.

Die Schöpfung des ersten Wesens

Durch das Auftauen des Raureifs entstand auch eine Kuh, Audhumla. Aus ihrem Euter flossen vier Ströme von Milch, von denen sich der Riese Ymir ernährte. Die Kuh leckte an Blöcken von salzigem Eis, bis am ersten Tag die Haare eines Wesens sichtbar wurden. Als sie am zweiten Tag wiederum leckte, erschien der Kopf des Wesens, am dritten wurde sein Körper frei gelegt. Dieses Wesen trägt

Oben: Teil des Tierkopfes, den man an dem Schiffsgrab in Oseberg gefunden hat.

Rechts: Das Bild aus dem 19. Jahrhundert zeigt König Gylfi, der Asgard betrachtet.

den Namen Buri. Ymir hatte in der Zwischenzeit geschlafen und im Schlaf geschwitzt. Die Sage erzählt, dass aus dem Schweiß seiner linken Achselhöhle der erste Mann und die erste Frau entstanden. Ymirs Beine paarten sich, und so entstand ein sechsköpfiger Riese mit Namen Thrudgelmir, der wiederum Bergelmir zur Welt brachte, den direkten Vorfahren der Frostriesen.

Die Entstehung der Götter

Buri war der Urahn aller Götter. Er hatte einen Sohn, Börr, mit dem er sofort den Kampf gegen die bösen Riesen aufnahm. Der Kampf dauerte länger, als Menschen denken können, aber dann heiratete Börr die Riesin Bestla und hatte drei großartige Söhne: Odin, Vili und Ve. Diese drei schlossen sich ihrem Vater im

Oben: Der Silberanhänger, den man an einer Kette oder Schnur um den Hals trug, stellt vermutlich das Gesicht eines Gottes dar.

Rechts: Ein Gedenkstein aus Gotland, Schweden. Oben reitet ein Krieger nach Walhalla, darunter ist ein Kriegsschiff der Wikinger abgebildet.

Kampf an, und bald erschlugen sie Ymir. Alle Riesen wurden in Ymirs Blut ertränkt, nur Bergelmir und seine Frau konnten in einem Langschiff an einen Ort namens Jotunheim fliehen, wo sie fünf Söhne bekamen. Die Frostriesen, die von Bergelmir und seiner Frau abstammten, betrachteten die Götter von nun an als ihre natürlichen Feinde, obwohl bei manchen Gelegenheiten Vertreter beider

Lager einander auch friedlich begegneten. Odin, Vili und Ve blieben bei Ymirs Leiche zurück. Sie streckten sie über ganz Ginnungagap aus und zerhackten sie in Stücke, aus denen die verschiedenen Teile unserer Welt wurden. Midgard, unsere Welt der Sterblichen, machten sie aus Ymirs Fleisch. Aus seinem Blut wurden Meere und aus seinen unversehrten Knochen Berge. Die gebrochenen Knochen, die Zähne und Stücke seiner Kieferknochen wurden zu Klippen, Felsen und Steinen der Welt. Aus dem Schädel machten sie die Kuppel des Himmels, und um diese zu tragen, schufen sie die vier Zwerge Austri, Nordri, Sudri und Westri, für jede Himmelsrichtung einen. Aus Ymirs Gehirn schließlich wurden die Wolken.

Entstehung von Sonne und Mond

Aus den Funken von Muspell schufen sie das Licht, das Himmel und Erde erhellt, außerdem die Sterne und die Planeten. Den hellsten Funken gaben sie besondere Bedeutung und auch einen Namen: Es waren der Mond (Mani) und die Sonne (Sol). Diese beiden Wesen wurden von den drei Göttern in Kutschen gesetzt, mit denen sie über den Himmel fahren sollten. Die beiden Pferde Arvakr und Alsvin, die den Wagen der Sonne zogen, mussten vor der großen Hitze geschützt werden, darum wurden sie mit kühlenden Kräften und einem Schutzschild namens Svalin ausgestattet. Das Pferd, das den Wagen des Mondes zog, wurde Alsvider genannt. Mani hatte zwei Wächter: Kinder, die er von der Erde aufgehoben hatte, als sie Wasser aus einer Quelle holten. Sie wurden Hiuki und Bil genannt und standen für das Wachsen und Schrumpfen der Mondsichel. Mani fährt vor der Sonne über den Himmel, doch hat es Sol

Rechts: Teil eines behauenen Steins in Kirk Andreas auf der Isle of Man. Er zeigt Odin, der bei Ragnarok von Fenris angegriffen wird.

Gegenüber: Eine sehr romantische Darstellung einer Walküre (19. Jahrhundert)

Links: Diese Stele aus Lillbjärs (Schweden) zeigt die Ankunft eines Kriegers in Walhalla.

Unten: Ein nordisches Kruzifix (10. Jahrhundert) aus einem Grab in Birka (Schweden)

Adler, zwischen dessen Augen ein Falke namens Vedfolnir hockte. Dieser hatte die Aufgabe, Himmel, Erde und Niflheim zu beobachten und zu berichten, was sich dort ereignete. Noch andere interessante Tiere lebten in Yggdrasil. Neben Nidhug, der an den Baumwurzeln nagte, gab es da vier Rehe – Dain, Duneyr, Durathor und Dvalin – die zwischen den Zweigen umherstreiften. Aus den Tropfen, die von ihren Geweihen fielen, entstanden die Flüsse der Welt.

Außerdem war da das Eichhörnchen Ratatosk, das ständig am dicken Stamm auf und ab rannte und üblen Tratsch zwischen dem Adler und dem Drachen austauschte – in der Hoffnung, dass sie einander den Krieg erklären würden.

Die Nornen

Die Nornen hatten die tägliche Pflicht, Wasser aus der heiligen Quelle Urdr über die Zweige des Baumes Yggdrasil zu sprengen, um ihn zu erfrischen. Es hieß, dass das Wasser, das von den unteren Zweigen tropfte, sich in den Honig der Bienen verwandelte.

Die nordischen Götter

Die Familie der Götter, der Odin und seine Brüder vorstanden, nannte sich Aesir. Es gab aber noch eine andere Familie älterer Götter, die Vanir. Das waren Fruchtbarkeitsgötter, deren Macht eng mit der von Wind und Meer verwandt war. Sie lebten in Vanaheim. Sehr

Rechts: Diese Silberfigur aus einem schwedischen Wikingergrab aus dem 10. Jahrhundert zeigt einen Reiter, möglicherweise einen Krieger auf dem Weg nach Walhalla.

Unten: Ein anderer schwedischer Grabfund aus dem 11. Jahrhundert zeigt eine Walküre, die ein Trinkhorn emporhält, um einen toten Helden in Walhalla zu begrüßen.

früh schon gab es einen Krieg zwischen den Aesir und den Vanir, der in einem Waffenstillstand endete. Beide Parteien tauschten Geiseln aus. Die Vanir schickten Njord mit seinen beiden Kindern Frey und Freya nach Asgard, und die Aesir schickten Mimir und Hoenir, einen Bruder von Odin, nach Vanaheim. Offensichtlich war dies eine gute Entscheidung der Götter, denn Frey und Freya wurden zu wichtigen Mitgliedern des nordischen Pantheon, während Hoenir einer der wenigen Glücklichen war, die die kosmische Schlacht von Ragnarok überlebten.

Zerstörung in der Zukunft

Die Mythologie der Wikinger umfasst auch Vorstellungen über die Ereignisse in einer nicht näher bestimmten Zukunft, wenn die Götter selbst sterben. Hier findet sich eine klare Parallele zur christlichen Vorstellung der Apokalypse, die in der Offenbarung niedergeschrieben ist. Auch Ragnarok ist eine letzte, entscheidende Schlacht zwischen den Kräften des Guten und des Bösen. Natürlich ist die passende deutsche Übersetzung für Ragnarok »Götterdämmerung«. Zu dieser Schlacht kommt es letztlich, weil die Götter die Existenz des bösen Loki geduldet haben, der ihren Niedergang lange vorausgeplant hat.

Vorboten des Schicksals

Das erste Zeichen des drohenden Ragnarok ist Fimbulvetr, ein Jahre andauernder bitterer Winter, in dem es ununterbrochen aus allen Himmelsrichtungen schneit. Die Wölfe, die

Sonne und Mond über den Himmel jagen, werden sie schließlich einholen und verschlingen. Loki, Fenris und Hels Hund Garm gelingt es, sich zu befreien und die Götter anzugreifen. Nidhug, der Drache, der an den Wurzeln von Yggdrasil nagt, beißt sie endgültig durch. Der Gott Heimdall bläst einen Ton auf seinem Horn, um vor dem Bevorstehenden zu warnen, und alle hören den Klang. Die Aesir und die Einheriar (die toten Krieger, die von den Schlachtfeldern nach Walhalla gebracht wurden) hören das Horn und eilen nach Vigrid, wo die letzte Schlacht stattfindet. Die Meere sind aufgewühlt, dadurch erwacht Jormungand, die Weltschlange, und erhebt sich aus der Tiefe des Meeres, um in die Schlacht einzugreifen.

DIE SCHLACHT UM DIE WELT

Durch die Bewegungen der Schlange entstehen gewaltige Wellen, und plötzlich taucht ein Schiff namens Naglfari auf, das ausschließlich aus den Nägeln derjenigen Toten besteht, deren Verwandte sie nicht geschnitten haben. Loki besteigt dieses Schiff in Begleitung einer Horde aus dem Reich von Muspell. Auch die Frostriesen segeln mit einem Schiff nach Vigrid, um mit den Aesir zu kämpfen. Ihr Kapitän ist der Riese Hrym. Hel schließt sich den Kräften des Bösen an, ebenso ihre Schmeichler Garm und Nidhug. Auch der Flammenriese Surtr kommt mit vielen seiner Verwandten, um sich Lokis Armee anzuschließen. Als diese gewaltige Truppe über Bifrost reitet, bricht die Regenbogenbrücke unter ihrem Gewicht zusammen.

Die Götter zeigen angesichts der starken Armee, die vor ihnen steht, keine Furcht. Odin befragt ein letztes Mal die Nornen und Mimir und schließt sich dann seinen Mitstreitern an.

Rechts: Das verklärende Bild aus dem 19. Jahrhundert zeigt die Walküren, die die toten Helden nach Walhalla bringen.

men sie Odin an Bord, hielten ihn aber für einen Fremden und erkannten ihn nicht. Sigurd tötete Lygni, den Mörder seines Vaters, und machte sich dann mit Regin auf den Weg, Fafnir zu besiegen. Wieder half ihnen Odin, indem er ihnen verriet, dass der Drache jeden Tag den gleichen Weg nahm, um seinen Durst in einem nahe gelegenen Fluss zu stillen. Sigurd musste sich nur auf die Lauer legen und warten – und das Unternehmen wurde ein Erfolg.

Regin bat Sigurd, das Herz des Drachen herauszuschneiden, zu braten und als Mahlzeit zu servieren. Sigurd war einverstanden. Als er es briet, berührte er es mit den Fingern, um zu prüfen, ob es schon gar war. Dabei blieb etwas heißes Fleisch an seinen Händen kleben. Als er es in den Mund steckte, entdeckte er, dass er plötzlich die Sprache der Vögel verstehen konnte. Sie erzählten einander, dass Regin ihn töten wolle und dass er gut beraten wäre, den Weisen sofort zu töten, dann das Herz und Blut des Drachen zu verspeisen und den Schatz an sich zu nehmen – und genau das tat er. Sigurd ritt, bis er an eine Halle auf einem Berg gelangte, wo eine schöne Frau in voller Rüstung schlief. Sigurd nahm sein Schwert und schnitt ihre Rüstung auf. Da erwachte sie und sagte ihm, sie sei eine Walküre mit Namen Brunhild. Hier beginnt die Geschichte sich zu verwirren. In der berühmten Edda heißt es, Sigurd habe seinen Weg fortgesetzt, bis er an den Palast eines Königs namens Giuki kam. Eine von dessen Töchtern war Gudrun. Er verliebte sich in Gudrun und vergaß Brunhild. Sigurd wurde Blutsbruder von Gudruns Brüdern Gunnar und Högni. Gunnar hatte die Absicht, die Hunnenprinzessin Brunhild zu heiraten. Brunhild verliebte sich in Sigurd, glaubte aber, er sei Gunnar. Als sie ihren Irrtum erkannte, überredete sie Guttorm, Sigurd zu töten. Das tat dieser, doch fand er auch selbst im Kampf den Tod. Brunhild nahm sich darauf das Leben und wurde zusammen mit Sigurd auf einem Scheiterhaufen verbrannt.

Unten: Die Schnitzerei aus Vestfold (Norwegen) zeigt das Ende Gunnars.

Die grossen Helden

Vorige Seite: Diese Stele aus Lillbjärs (Schweden) zeigt ein Wikinger-Langschiff.

Unten: Diese Schnitzerei aus Jurby, Isle of Man, zeigt Fafnir, der von Sigurd getötet wird.

Die nordische Mythologie ist voll von Sagen über sterbliche Helden, die – wie das für Helden typisch ist – durch ganz Skandinavien zogen, dramatische Abenteuer erlebten, plünderten und mordeten. Da gibt es die Sage von Sigmund, dem erbitterten Feind von Siggeir und Vater von Sigurd. Da gibt es den herumziehenden Helden Viking und seinen Sohn Thorsten, und da ist Frithiof, Vikings Enkel, der von seinem Verlangen nach Ingeborg zu Heldentaten animiert wurde.

Sigmund

Sigmund war der Zwillingsbruder der schönen Signy, und beide waren die letzten Kinder von Volsung, dem Hunnenkönig. Sigmund war der einzige unter allen Brüdern, der erkannte, dass Signy Siggeir, den Sohn des Gotenkönigs, nicht heiraten wollte. Weil auch Odin eine ähnliche Ahnung hatte, tauchte er auf der Hochzeitsfeier auf und schleuderte sein Schwert mitten ins Holz von Branstock, einer gewaltigen Eiche, die in Volsungs Halle wuchs. Odin sagte, dass derjenige, der das Schwert aus dem Baum zöge, ein großer Held werden würde.

Das magische Schwert

Siggeir, der frisch gebackene Ehemann, versuchte erfolglos, das Schwert aus dem Baum zu ziehen. Auch Volsung gelang es nicht. Dann versuchten es auch alle neun älteren Brüder Sigmunds – vergeblich. Schließlich probierte es Sigmund, und das Schwert glitt aus seiner hölzernen Scheide. König Siggeir wollte das Schwert gern kaufen, doch Sigmund weigerte sich. So beschloss der König, Sigurd und all seine Verwandten, Signy eingeschlossen, zu verbannen. Als Siggeir schlief, erzählte Signy Volsung, dass ihr neuer Ehemann nichts Gutes im Schilde führe, doch Volsung wollte ihr nicht glauben.

Siggeirs Rache

Kurze Zeit später schickte Volsung eine Flotte von Schiffen in Siggeirs Königreich. Er und all seine Krieger wurden getötet. Sigmund selbst konnte entkommen, doch er verlor sein

Links: Sigmund und Signy auf einer Illustration aus dem 19. Jahrhundert

Rechts: Ein Tierkopf, vermutlich von einem Wikinger-Langschiff, gefunden im Fluss Schelde in Belgien

Unten: Ein Grabstein aus dem 11. Jahrhundert aus Ed in Uppland (Schweden) mit einer Runen-Inschrift

magisches Schwert. Er und seine Brüder wurden daraufhin zum Tode verurteilt.

SIGNY RETTET SIGMUND

Signy war außer sich vor Trauer und bat um die Aufhebung des Todesurteils. Daraufhin wurde das Urteil geändert. Sigmund und seine Brüder sollten nun im Wald an Bäume gefesselt werden, damit die wilden Tiere sie auffressen konnten, während Signy in Siggeirs Palast eingeschlossen werden sollte. Alle Brüder starben, nur Sigmund nicht. Signy hatte ihm das Gesicht mit Honig bestrichen, damit die wilden Tiere ihn ableckten, statt ihn zu fressen. Signy schickte die Söhne, die sie Siggeir gebar, zu Sigmund, damit sie gestärkt würden. Der unterzog sie einer Prüfung: Sie mussten Brotteig kneten, ohne zu wissen, dass

Links: Detail aus einer Schnitzerei an einem Langschiff aus Oseberg, das für schwimmende Begräbnis-Scheiterhaufen verwendet wurde.

Unten: Teil eines Wikingerkreuzes, das in Michael auf der Isle of Man gefunden wurde. Der Wikinger trägt einen Speer und ein rundes Schild.

sich darin eine Viper befand. Die ersten beiden Söhne entdeckten die Schlange. Einer floh, einer wurde von Sigmund erschlagen. Signy fürchtete um den dritten Sohn, den sie von Siggeir bekommen könnte und beschloss, lieber ein Kind von Sigmund zu haben. So wandte sie sich an eine Hexe, nahm deren Gestalt an und schlief dann mit ihrem Bruder.

SINFIOTLI WIRD GEBOREN

Der Sohn dieser Verbindung war Sinfiotli. Er erwies sich als geschickter als seine Halbbrüder, denn als er ein Brot backen sollte, backte er die Viper kurzerhand mit. Sigmund und Sinfiotli wurden gute Gefährten. In einem ihrer Abenteuer verwandelten sie sich in Werwölfe. Sie entdeckten zwei schlafende Männer und an der Wand zwei Wolfsfelle. Sofort zogen Vater und Sohn die Felle an, und einen Augenblick später liefen sie durch die Wälder und fraßen jeden auf, der ihnen über den Weg lief. Die beiden waren darüber so erregt, dass sie schließlich miteinander zu kämpfen begannen. Dabei tötete Sigmund Sinfiotli. Dann beobachtete der Vater zwei Wiesel, die miteinander kämpften. Als eines starb, legte

Oben: Detail von der Ostseite des Gosforth Cross in Cumbria, England. Die Abbildung der Kreuzigung zeigt, wie sich die Mythologie der Wikinger mit dem Christentum vermischte.

Rechts: Die Ostseite des Gosforth Cross in Cumbria, England, von dem das Detail auf der oberen Abbildung stammt. Drei der Seiten dieses Kreuzes stellen Szenen aus der Mythologie der Wikinger dar, vor allem Ragnarok.

gewisser König Lygni Hiordis auserkoren. Als Hiordis Sigmunds Antrag angenommen hatte, stellte Lygni eine Armee auf. Im folgenden Krieg erschlug Sigmund Hunderte von Kriegern, wurde am Ende aber selbst getötet. Hiordis gebar ihm einen Sohn, Sigurd, der selbst zu einer Sagenfigur werden sollte.

VIKING

Viking war der Enkel des norwegischen Königs Haloge. In einigen Versionen der Sage heißt es auch, Haloge sei in Wirklichkeit der Gott Loki gewesen. Was auch immer stimmen mag, Viking wurde auf der Ostseeinsel Bornholm geboren. Schon mit fünfzehn Jahren war er so groß und stark, dass Gerüchte über ihn bis nach Schweden drangen – und insbesondere zu einer Prinzessin namens Hunvor.

VIKING RETTET HUNVOR

Zu dieser Zeit belästigte ein Riese Hunvor mit seiner Aufdringlichkeit. Viking segelte nach Schweden. Er unterbrach die Reise nur kurz, um von seinem Vater ein magisches Schwert mit dem Namen Angurvadel zu holen, dann zog er in die Schlacht und besiegte den Riesen. Er hätte Hunvor sofort geheiratet, doch man hielt ihn für zu jung. Darum segelte er viele Jahre über die Nordsee, wo er von den Verwandten des erschlagenen Riesen bedrängt wurde. Er schloss Freundschaft mit einem Mann namens Halfdan. Als er alt genug war, heiratete er Hunvor, während Halfdan Ingeborg ehelichte, eine Dienerin der Prinzessin.

DIE SÖHNE VIKINGS

In den nächsten Jahren führten Viking und Halfdan viele Raubzüge in andere Länder an, auf denen sie mordeten und vergewaltigten. Trotzdem – so erzählt die nordische Sage – blieben sie ihren Frauen treu. Nach einem langen Krieg schlossen sie Freundschaft mit dem König Njorfe. Als Hunvor starb, übergab Viking seinen Sohn Ring an einen Ziehvater

Links: Teil einer Kreuzplatte aus dem 10. Jahrhundert, gefunden bei Jurby, Isle of Man. Sie zeigt die Seherin (oben links), die Odin vor der Unabwendbarkeit von Ragnarok warnt.

Könige, die auf dem Thron ihres Vaters saßen, Ingeborg heiraten zu dürfen. Helgé sagte ihm, er sei nicht gut genug für sie, weil er nur der Sohn eines Bauern sei. Er bot ihm aber an, sein Lehnsmann zu werden. Frithiof wurde darüber sehr zornig, zog sein Schwert und schlug Helgés Schild in zwei Teile. Dann zog er grollend von dannen.

Sigurd Ring

Es sprach sich bald im Land herum, dass Ingeborg sehr schön war. Viele königliche Bewerber schickten Boten, die ihr Heiratsanträge überbrachten. Einer davon war auch ein König namens Sigurd Ring, ein alter Witwer. Ingeborg hatte natürlich bei der Entscheidung kein Mitspracherecht. Helgé befragte verschiedene Seher, ob diese Ehe Aussicht auf Erfolg habe. Halfdan stellte sich dagegen die wichtigere Frage, ob dieser alte Mann Ingeborg wohl zum vollen Genuss ehelicher Freuden verhelfen könne.

Frithiof und Ingeborg werden getrennt

Halfdans Besorgnis kam Sigurd Ring zu Ohren, der darüber sehr empört war und öffentlich bekannt gab, dass er Halfdan und Helgé den Krieg erklären wolle. Die Reaktion der beiden Könige war nicht gerade heldenhaft. Sie schickten Hilding aus, um Frithiof zu fragen, ob er ihr Heer anführen würde. Frithiof antwortete, ihre frühere Haltung hätte ihn so beleidigt, dass er kein Interesse hätte, jetzt ihre Probleme zu lösen. Halfdan und Helgé beschlossen, dass es wohl am besten wäre, Sigurd Ring nachzugeben. Und so versprachen sie ihm die Hand ihrer Schwester Ingeborg.
Frithiof fand heraus, dass Ingeborg in einem dem Gott Balder geweihten Kloster schmachtete und reiste dorthin. Es war zwar verboten,

Links: Ein wikingisch-christliches Kreuz aus Andreas auf der Isle of Man zeigt Gunnar in der Schlangengrube.

Oben: Asbyrgi, ein Fels in Island, ist angeblich ein Hufabdruck von Odins achtbeinigem Hengst Sleipnir.

an diesem Ort zu sprechen, doch sie hatten sich viel zu sagen, zumal sie auch wussten, dass die Brüder weit weg waren. Doch diese kehrten zurück. Frithiof bat sie, noch einmal über ihre Bitte, ihre Truppen gegen Sigurd Ring zu führen, nachzudenken. Aber die Brüder waren mehr daran interessiert, ob Frithiof und Ingeborg die Regeln im Kloster des Gottes Balder gebrochen hatten. Helgé fragte beharrlich nach, ob die beiden miteinander gesprochen hätten, bis Frithiof es schließlich zugab. Zur Strafe wurde er verbannt. Ingeborg lehnte ab, ihm in das sonnige Land zu folgen, von dem er wusste, dass es im Süden lag. Nachdem ihr Vater gestorben war, befolgte sie die Vorschriften ihrer Brüder.

Frithiof erreicht die Orkney-Inseln

Helgé war das Urteil der Verbannung zu milde, er forderte Frithiofs Tod. Darum rief

Oben: Dieser geschnitzte Kopf aus Elchhorn zeigt einen schwedischen Wikinger. Es war einmal der Griff eines Stocks.

Links: Drei Eisenschwerter aus Fundstellen in Dänemark. Die Griffe sind mit Eisen und Messing verziert.

der König zwei Hexen zu sich und befahl ihnen, einen Sturm auszusenden, der Frithiofs Schiff mit der gesamten Mannschaft sinken lassen sollte. Die Hexen gaben sich alle Mühe, aber Frithiof sang ein fröhliches Lied und hielt so die Elemente davon ab, ihn und seine Besatzung zu töten. Auf diese Weise erreichten sie die Orkney-Inseln. Die Einwohner waren darüber nicht erfreut, doch Frithiof besiegte den Berserker Atlé, den sie geschickt hatten, ihn zu vertreiben. Im Lauf der Zeit freundete sich Frithiof mit Angantyr, dem König der Orkneys, an.

Frithiofs Verkleidung

Nach vielen Monaten kehrte Frithiof zurück, um zu entdecken, dass seine Halle auf Befehl von Helgé bis auf die Grundmauern niedergebrannt war. Von Hilding erfuhr er, dass Ingeborg inzwischen Sigurd Ring geheiratet hatte. Er richtete ein schreckliches Gemetzel an, dann setzte er Segel und fuhr nach Griechenland, wo er einige Jahre lebte. Als Bettler verkleidet kehrte er schließlich an den Hof Sigurd Rings zurück. Er behielt diese Bekleidung so lange bei, bis er einen Höfling ermordet hatte.

Sigurd Ring und Frithiof schliessen Freundschaft

Sigurd Ring ließ ihn für dieses Verbrechen nicht hinrichten, sondern forderte ihn nur auf, seine Verkleidung abzulegen. Das tat Frithiof, und dabei traf sein Blick auf Ingeborgs schöne Augen. Danach betrank er sich heftig, was Sigurd Ring wohlwollend beobachtete. Die beiden Männer wurden gute Freunde, und damit endete vorerst Frithiofs Schmachten nach Ingeborg.

Rechts: Ein norwegischer Wandteppich aus dem 13. Jahrhundert. Die »Nordmannen« stammten von jenen Wikingern ab, die sich im 9. Jahrhundert an der Nordwestküste Frankreichs niederließen.

DAS HAPPY END

Sigurd Ring starb und endlich konnten Frithiof und Ingeborg heiraten. Helgé tötete sich versehentlich selbst, Halfdan dagegen schwor mit Frithiof einen Eid der Freundschaft, den beide bis an ihr Lebensende nicht brechen sollten.

HELDEN ZUR UNTERHALTUNG

Heldengeschichten wie diese wurden dem Publikum der Wikingerzeit von Dichtern vorgetragen, die ihre Gedichte oft »sangen« und sich dabei auf einer Lyra begleiteten. Die Könige beschäftigten eigene Hofdichter, die Scalds, die Lieder komponierten, bekannte, traditionelle Sagen und Legenden erzählten oder neue Gedichte verfassten. Weil die meisten Gedichte nur vorgetragen, aber nicht aufgeschrieben wurden, rührt unser heutiges Wissen über die Wikinger hauptsächlich von den Sagas, die nach 1200 niedergeschrieben wurden.

Oben: Dieses Steinkreuz aus Weston in North Yorkshire (England) zeigt einen Wikinger-Krieger.

Rechts: Teil eines kunstvoll verzierten Zaumzeugs, das mit einem Mann in Broa auf Gotland begraben wurde

Glossar

Oben: Diese Bildhauerarbeit aus dem 10. Jahrhundert, gefunden auf der Isle of Man, zeigt den Gott Heimdall, der auf seinem Horn das Warnsignal vor Ragnarok bläst.

verursacht wurden. Er wird manchmal als Vater von Loki angesehen.

BESTLA: die Frau von Börr und Mutter von Odin, Vili und Ve

BIFROST (ASA-BRÜCKE, ASABRU): die Brücke zwischen Midgard und Asgard, bewacht vom Gott Heimdall. Sie besteht aus Feuer, Wasser und Luft und hat die Form eines Regenbogens.

BODVILD: die Tochter von Nidud, dem König von Schweden

BORGHILD: eine Prinzessin, mit der Sigmund die beiden Söhne Hamond und Helgi zeugte. Sinfiotli, der Sohn von Sigmund und Signy, tötete Borghilds Bruder in einem Streit, darum vergiftete Borghild ihn. Nach Sinfiotlis Tod trennte sich Sigmund von Borghild.

BÖRR (BOR): der Sohn von Buri und der Vater der Götter Odin, Vili und Ve

BRANSTOCK: eine Eiche, die mitten in Volsungs Halle stand. Bei der Hochzeitsfeier von Siggeir und Volsungs Tochter Signy tauchte plötzlich ein Fremder auf und warf sein Schwert in den Stamm des Baumes. Der Fremde sagte, dass das Schwert demjenigen, der es aus dem Stamm zöge, in jeder Schlacht den Sieg bringen würde. Siggeir versuchte es, doch ohne Erfolg. Auch die neun ältesten Söhne Volsungs versagten kläglich. Dem jüngsten Sohn Sigmund jedoch gelang es. Siggeir war darüber so eifersüchtig, dass zwischen ihm und der Linie von Volsung eine Fehde entbrannte.

BRUNHILD (BRYNHILD, BRYNHILDR): eine Walküre, die sich in Sigurd verliebte. Als er beschloss, sich von ihr zu trennen und statt dessen mit Gudrun zu leben, ließ sie ihn von

Guttorm ermorden. Ihr Ehemann Gunnar ließ sie nach ihrem Tod neben Sigurd beerdigen.

BURI: der Urvater der Götter. Er wurde zum Leben erweckt, als die heilige Kuh Audhumla einen Eisberg aufleckte.

DAG: der einzige Überlebende der Familie Hunding nach der Schlacht mit Sigmunds Söhnen Sinfiotli und Helgi. Dag rettete sein Leben, indem er versprach, den Tod seiner Verwandten nicht zu rächen. Später brach er seinen Eid und ermordete Helgi.

EGIL: ein Bruder von Völund

EINHERIAR (EINHERJAR): die Krieger, die nach dem Tod nach Walhalla gebracht wurden. Am Tag kämpften sie, in der Nacht hielten sie Gelage. Ihr »ewiges Leben« dauerte bis Ragnarok.

ELF: ein Wikinger, der nach dem Tod Sigmunds Hiordis heiratete

ELLIDA: das magische Drachenschiff, das Viking vom Gott Aegir erhielt

Unten: Das schwedische Kruzifix stammt aus dem 11. Jahrhundert. Es beweist, dass damals einige Wikinger Christen geworden waren.

Rechts: Die Reste eines Wikinger-Gehöfts in Jarlshof, Sumburgh (Shetland-Inseln). Die Wikinger lebten hier etwa von 1000 bis 1200 n. Chr.

Unten: Man vermutet, dass dieses Steinbild Loki darstellt, den hinterlistigen Gott, der sich mit Ragnarok für seine schlechte Behandlung rächte.

ERMENRICH: König von Gotland, der als Sterblicher die Walküre Swanhild zur Frau nahm

FAFNIR: der Sohn von Hreidmar und Bruder von Ottar und Regnin, der in einen gefräßigen Drachen verwandelt und später von Sigurd getötet wurde

FENRIS (FENRIR): Sohn des Gottes Loki und der Riesin Angrboda. Das Kind nahm die Gestalt eines riesigen Wolfes an und wurde für die Götter zur wachsenden Bedrohung. Sie versuchten, die Bestie mit Ketten namens Laiding, Droma und Gleipnir zu fesseln und zu bändigen.

FIMBULVETR (FIMBUL-WINTER): der dreijährige Winter, der sich unmittelbar vor Ragnarok über die Welt legt

FJORGYN (ERDA, JÖRD): Erdgöttin und eine von Odins drei Frauen. Sie und Odin zeugten Thor.

FREY (FREYR, FRO): ein Gott aus dem Geschlecht der Vanir. Frey war der Sohn von Njord und kam zusammen mit seinem Vater und seiner Schwester Freya als Geisel nach Asgard. Er war ein Fruchtbarkeitsgott.

FREYA (FREYJA): die Göttin der Fortpflanzung aus der Familie der Vanir, später auch des Krieges und des Todes. Zusammen mit ihrem Vater Njord und ihrem Bruder Frey kam sie als Geisel nach Asgard. Sie heiratete den Gott Od, der sie aber verließ. Danach verbrachte sie ihre Zeit abwechselnd in Trauer und Beziehungen zu verschiedenen Männern.

FRITHIOF: ein Held, Sohn von Thorsten und Ingeborg

GARM: der Hund, der an der Pforte von Hel in der Höhle Gnipa angekettet ist. Zu Ragnarok kämpfen er und der Gott Tyr erbittert miteinander, bis beide tot sind.

GINNUNGAGAP: der urzeitliche Abgrund zwischen Muspell und Niflheim. Der Abgrund war so tief, dass kein Auge eines Sterblichen auf seinen Grund sehen konnte.

GIUKI: König der Nibelungen, Ehemann von Königin Krimhild und Vater von Gunnar, Guttorm und Hogni (Söhne) sowie Gudrun (Tochter)

GREYFELL (GRANE): das Pferd von Sigurd

GUDRUN: eine Walküre, die Helgis Tapferkeit in der Schlacht beobachtete und sich in ihn verliebte. Bald nach der Heirat wurde Helgi von Dag ermordet. Gudrun sah sich nach einem neuen Ehemann um und entschied sich für Sigurd. Später wurde sie zur Heirat mit Atli gezwungen.

GUNNAR (GUNDICARIUS): ältester Sohn von Giuki und Krimhild. Durch Hexerei seiner Mutter wurde er zum Ehemann der Walküre Brunhild.

GUTTORM: ein Sohn von Giuki und Krimhild, der Sigurd und dessen Kind mit Gudrun tötete. Noch im Sterben tötete Sigurd Guttorm.

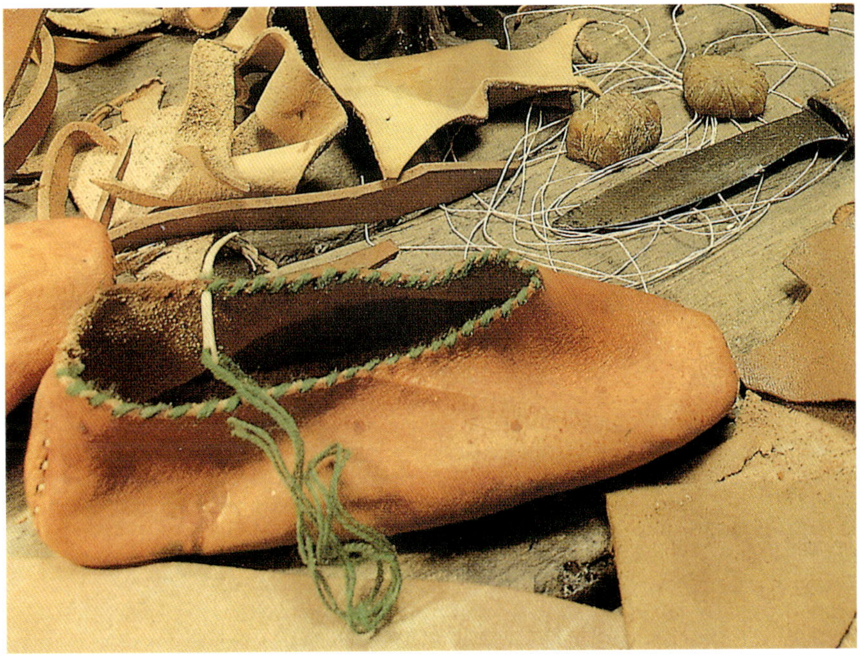

Links: Eine moderne Rekonstruktion eines Wikinger-Schuhs nach Entdeckungen von Archäologen in York (England)

Oben: Ein Paar verzierter Ohrringe, gefunden in Schweden. Den Reichtum einer Wikingerfrau erkannte man an ihrem Schmuck.

HALFDAN: Sohn von Belé und enger Freund Vikings.

HEIDRUN: die Ziege von Walhalla, aus deren Euter eine unerschöpfliche Menge Met für die Gelage der toten Helden floss

HEIMDALL: ein Gott, der von neun Riesinnen gleichzeitig geboren wurde. In seiner menschlichen Gestalt Riger zog er durch Midgard und schwängerte Frauen, um die Geschlechter der Diener, Bauern und Krieger zu gründen. Er war der Wächter der Regenbogenbrücke Bifrost und zu Beginn von Ragnarok warnt er die Götter vor dem bevorstehenden Chaos, indem er sein Horn bläst.

HEL: eine Göttin, die auch die Gestalt eines Ungeheuers annahm. Tochter von Loki und Angrboda, Herrscherin von Niflheim. Es ist unbestimmt, ob sie lebendig oder tot war. Mit ihrer Geisterarmee unterstützt sie die Götter bei Ragnarok, danach geht ihr Reich in Flammen auf.

HELGÉ: ein Sohn von Belé, Bruder von Halfdan. Er erlaubte nicht, dass seine Schwester Ingeborg Frithiof heiratete, sondern verheiratete sie später mit Sigurd Ring.

HELGI: Sohn von Sigmund und Borghild. Er wurde von Hagal groß gezogen und verliebte sich später in die Walküre Gudrun. Er wurde von Dag aus der Sippe der Hunding ermordet.

HILDING: Ziehvater von Frithiof und Ingeborg

HIORDIS: Tochter von Eglimi und Ehefrau des alten Sigmund. Lygni war so zornig, dass sie seinen Heiratsantrag abgelehnt und Sigmunds angenommen hatte, dass er eine Armee aufstellte, um sich zu rächen.

HODER (HOD, HODUR): Zwillingsbruder von Balder. Durch Lokis Intrigen erschlug er unabsichtlich Balder und wurde zum Tode verurteilt. Hoder wurde von Vali ermordet.

HOENIR (HONIR): es gibt zwei verschiedene Geschichten über die ersten Götter. In der

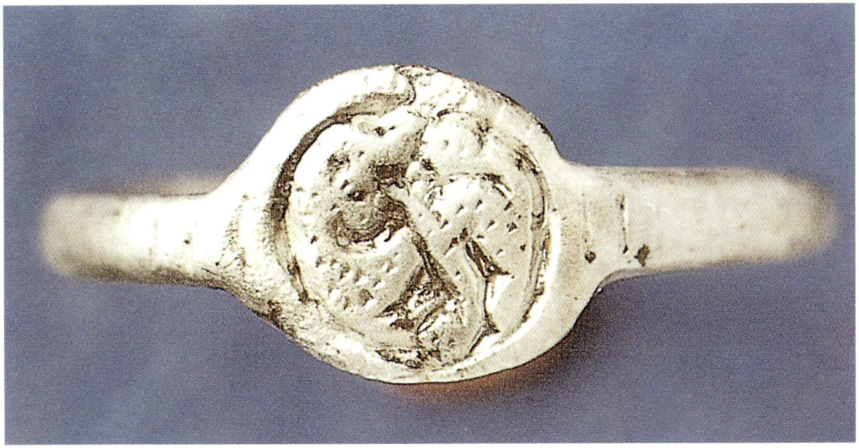

Links: Dieser silberne Fingerring wurde im späten 9. oder frühen 10. Jahrhundert angefertigt und in York (England) gefunden.

Unten: Wikingerfrauen trugen solche schweren, gewölbten »Schildkröten«-Broschen meist paarweise.

einen geben Odin, Vili und Ve ihre Gaben an die Menschheit weiter. In der zweiten heißt es, dass Odins erste Brüder Hoenir und Loki waren. Dieser Version zufolge gab Hoenir den Menschen die Beweglichkeit und die Sinne.

HÖGNI: ein Sohn von Giuki und Krimhild

HRYM: der Steuermann, der am Ruder des Schiffs der Frostriesen sitzt, wenn sie zu Ragnarok in den Krieg gegen die Aesir ziehen

HUNVOR: eine schwedische Prinzessin, die von Viking gerettet wurde und ihn später heiratete

HVERGELMIR: der Kessel in Niflheim, in dessen Nähe die Wurzel von Yggdrasil lag

IDAVOLD (IDAVOLL): eine Ebene in Asgard, die vom Rest der Welt getrennt ist

IFING: der Fluss, der rings um den Rand der Ebene Idavold fließt

INGEBORG: Tochter von Belé und Ehefrau Frithiofs. Den gleichen Namen trugen eine Ehefrau von Halfdan und eine Ehefrau von Thorsten.

JORMUNGAND (IÖRMUNGANDOR, MIDGARDSMOR): die Weltschlange oder das Kind des Gottes Loki und der Göttin Angrboda, in Schlangengestalt. Die Schlange umgibt Midgard und beißt sich selbst in den Schwanz, um den Kreis zu schließen.

JOTUNHEIM: das Land der Riesen, das an den Wurzeln des Baumes Yggdrasil lag.

LERAD (LAERAD): der oberste Zweig von Yggdrasil. Gelegentlich wird auch der ganze Baum so genannt.

LIF: der Mann, der Ragnarok überlebt und mit seiner sterblichen Frau Lifthrasir zum Urvater der neuen Bevölkerung wird

LOKI: der »Hexer der Lügen«. Loki ist ein Verwandter von Odin, doch die genaue Beziehung zwischen den beiden Gestalten ist unklar.

LYGNI: ein König, der Hiordis heiraten wollte, den sie aber ablehnte, weil sie Sigmund vorzog. Um sich zu rächen, stellte Lygni eine Armee auf und führte eine Schlacht gegen Sigmunds Anhänger, in der dieser ums Leben kam.

MAGNI: ein Sohn Thors mit der Riesin Iarnsaxa. Er rettete seinen Vater nach dessen Duell mit dem Riesen Hrungnir. Nach Ragnarok gelangen er und sein Bruder Modi in den Besitz von Thors Hammer Miölnir.

MIDGARD (MANAHEIM): die Welt der menschlichen Wesen

MIMIR: der weiseste Gott aus der Sippe der Aesir. Er (oder sein Kopf) bewachten eine Quelle am Fuß von Yggdrasil. Odin hatte die Gewohnheit, Mimirs Kopf zu befragen, wenn er einen Rat brauchte.

MODI: ein Sohn Thors mit der Riesin Iarnsaxa. Nach Ragnarok gelangen er und sein Bruder Magni in den Besitz von Thors Hammer Miölnir.

MUSPELL: das Reich des Feuers. Zu Ragnarok erscheinen die Riesen, die Muspell bewohnen, angeführt vom Herrscher dieses Reiches, dem Flammenriesen Surtr, um sich in die Schlacht einzuschalten.

NIDUD: ein König von Schweden, der Völund im Schlaf überraschte und gefangen nahm. Er raubte ihm all seinen Besitz, zertrümmerte ihm die Knie und ließ ihn als Schmied arbeiten.

NIFLHEIM: das Land der Dunkelheit und des eisigen Nebels, in dem eine der Wurzeln Yggdrasils sowie das Gebiet Hel liegen

Links: Das Buntglasfenster aus dem 19. Jahrhundert zeigt König Edmund von Ost-Anglia, der von Wikingern getötet wird (870 n. Chr.).

Links: Die Wikinger gruben diesen Kanal in Ruadha'dunain (Schottland), der vom Meer bis zu einem kleinen, im Landesinneren gelegenen See führt.

NJOFE: zuerst Feind, später enger Freund von Viking und Halfdan. Seine Söhne und die Söhne Vikings setzten die Freundschaft ihrer Väter nicht fort.

NJORD: der Vater von Frey und Freya aus der Sippe der Vanir. Er war Gott des Meeres, der die Macht über Aegir, den Meeresgott der Aesir, gewann. Seine Ehefrauen waren die Riesin Skadi und die Göttin Nerthus.

NORNEN: die drei Göttinnen des Schicksals – Skuld (»Sein«), Urd (»Schicksal«) und Verdandi (»Notwendigkeit«). Sie waren eng mit den Schicksalsgöttinen der griechischen Mythologie verwandt. Sie besprengten täglich den Baum Yggdrasil. Außerdem waren sie als geschickte Weberinnen bekannt.

ODIN (WODAN, WODEN, WOTAN): der Sohn von Börr und Bestla und Vater von Thor, Balder, Hoder, Tyr, Bragi, Heimdall, Ull, Vidar, Hermod und Vali. Seine Frauen waren Fjorgyn, Frigga und Rind. Er war der wichtigste

Rechts: Kopie einer Schatztruhe aus Holz, Gold und Elchhorn. Vermutlich wurden darin Beutestücke der Wikinger aufbewahrt.

Gott im nordischen Pantheon, der häufig als alter, einäugiger Mann verkleidet Midgard, die Welt der Sterblichen, besuchte.

OLRUN: eine der drei Schwestern, die von Egil, Slagfinn und Völund vergewaltigt wurden.

RAGNAR LODBROG: Schwiegersohn von Brunhild und Sigurd

RAGNAROK: die letzte Schlacht um die Welt, in der die Götter endgültig den Mächten des Bösen unterliegen

RANDWER: der Sohn von Ermenrich, der zu Unrecht der Unzucht mit Swanhild angeklagt wurde. Ermenrich verurteilte beide zum Tode.

REGIN: ein Weiser, den Elf als Lehrer für Sigurd auswählte

RING: ein Sohn Vikings

SIBRICH: ein Betrüger, der Ermenrich die Lüge erzählte, dass Randwer seine Tochter Swanhild verführt hätte

SIGGEIR: König der Goten und Volsungen, gehörnter Ehemann von Signy. Er machte den Fehler, Sigmund und Sinfiotli zu erzürnen und bezahlte dafür mit seinem Leben.

SIGMUND: ein Held der Wikinger

SIGNY: Zwillingsschwester von Sigmund und Ehefrau von Siggeir. Sie wollte, dass ihre Söhne große Krieger würden, darum schickte sie ihren Ältesten zu Sigmund, der seinen Mut auf die Probe stellen sollte. Der Junge versagte und Sigmund tötete ihn. Auch Signys zweiter Sohn bestand die Prüfung nicht, konnte aber entkommen. Ihren Ehemann Siggeir, der ihren Vater Volsung und neun ihrer zehn Brüder ermordet hatte, mochte sie nicht sonderlich. Sie wollte einen Sohn, in dessen Adern das Blut Volsungs floss. Darum nahm sie die Gestalt einer Hexe an und verbrachte drei Nächte mit Sigmund. Das Ergebnis war Sinfiotli.

SIGURD: ein Held der Wikinger

SIGURD RING: der König von Ringric, der Ingeborg heiratete und obendrein einen jährlichen Tribut von Helgé und Halfdan erhielt

SINFIOTLI: der älteste Sohn Sigmunds. Seine Mutter war Signy, Sigmunds Schwester. Sinfiotli war ein tapferes Kind. Seine Mutter prüfte seinen Mut, indem sie ihm seine Kleider direkt auf die Haut nähte und dann abriss. Sinfiotli und Sigmund erlebten viele gemein-

Links: Godafoss in Island wurde berühmt, weil der Isländer Thorgeir all seine heidnischen Statuen in das tobende Wasser warf, nachdem er um 1000 n. Chr. zum Christentum bekehrt worden war.

same Abenteuer. Nachdem Sigmund Borghild geheiratet hatte, vergiftete diese Sinfiotli.

SLAGFINN: ein Bruder von Völund

SLEIPNIR: das achtbeinige Pferd Odins

SOTÉ: ein Pirat, der einen von Völund geschmiedeten Armreifen stahl

SURTR (SURT): ein Flammenriese, der das Reich Muspell bewachte. Bei Ragnarok erschlägt er den Vanir Frey und setzt dann die ganze Welt in Flammen.

SVALIN: ein Schild, das die Welt vor den sengenden Strahlen der Sonne schützte

SWANHILD: Gudruns Tochter

SVANHVIT: eine von drei Schwestern, die von Egil, Slagfinn und Völund vergewaltigt wurden

SVARTALFAHEIM: das Reich, in dem die dunklen Elfen lebten

TANNHÄUSER: ein teutonischer Held, der von der Göttin Holda oder Frigga verführt wurde. Zuerst hatte er Vergnügen daran, doch dann ging er zum Papst, um Vergebung für seine Sünde zu erbitten. Der Papst antwortete, dass die Anhänger heidnischer Götter das ewige Höllenfeuer erwarte und dass Tannhäuser nur vergeben würde, wenn der heilige Stab des Papstes Früchte tragen würde – was unmöglich war, denn der Stab bestand aus totem Holz. Tannhäuser war darüber sehr deprimiert und beschloss, in Holdas Arme zurückzukehren. Drei Tage später zeigten sich am Stab des Papstes grüne Knospen und er schickte einen Boten zu Tannhäuser, um ihm seine Vergebung mitzuteilen. Leider kam die Nachricht zu spät, und so wurde Tannhäuser dazu verbannt, bis in alle Ewigkeit in inniger Liebe zu Holda zu leben.

THOR: der Sohn von Odin und Fjorgyn. Thor war der Gott des Donners, des Himmels, des Gesetzes und der Fruchtbarkeit. Bewaffnet mit seinem Hammer und seinem Gürtel der Kraft sorgte er für Gerechtigkeit, doch nutzten andere Götter seine Schlichtheit häufig aus.

Rechts: Ein Gedenkstein mit Runeninschrift aus Uppland (Schweden)

Unten: Fragment aus einem behauenen Gedenkstein in Chester-le-Street, England

THORA: Tochter von Hakon und Frau von Elf

THORER: der Sohn von Viking und Bruder von Thorsten

THORSTEN: ein Held der Wikinger, Sohn von Viking und Bruder von Thorer

THRUDHEIM (THRUDVANG): der Bereich von Asgard, in dem Thor lebte

TYR: der Gott des Krieges, Sohn von Frigga und entweder Odin oder dem Riesen Ymir. Er gilt als der tapferste unter den Göttern.

TYRFING: ein magisches, von den Zwergen geschmiedetes Schwert, das sich im Besitz von Angantyr befand

UNDINEN: freundliche, weibliche Wassergeister – die nordischen Verwandten der Meerjungfrauen

URDR (URD): der Brunnen der drei Nornen

VALASKIALF (VALASKJALF): Odins Halle in Asgard

VALI: der Sohn von Odin und Rind. Dieser Gott war leicht zu überreden, den Tod von Balder zu rächen.

VANAHEIM: das Reich, in dem die Vanir, die Fruchtbarkeitsgötter, lebten

VE UND VILI: zwei der drei Söhne von Börr und Enkel des Riesen Ymir. Gemeinsam mit Odin töteten sie ihren Großvater und schufen aus seinem Körper Midgard.

VEDFOLNIR: der Falke, der zwischen den Augen des Adlers im Wipfel von Yggdrasil saß. Er sah alles, was auf der Erde geschah, und erstattete den Göttern Bericht.

VIDAR: ein Sohn von Odin und der Riesin Gris. Er erschlug Fenris, überlebte Ragnarok und rächte den Tod von Odin.

VIGRID: die Ebene in Asgard, auf der Ragnarok stattfindet

VIKING: ein Held der Wikinger

VINSDAL: der Vater von Winter und Sohn von Vasud

VINGOLF: eine Halle in Asgard, wo sich die Götter trafen, um sich zu unterhalten

VOLSUNG: der Vater von Sigmund und Signy. Nach dem Tod seines Vaters Rerir wurde er König der Hunnen. Er hatte zehn Söhne und eine Tochter, Signy.

VÖLUND (WAYLAND, WELAND): der Schmied, den Nidud gefangen nahm

WADE: in der angelsächsischen und dänischen Sage der Vater von Völund

WRYD: die Mutter der Nornen

YDALIR: die Halle des Gottes Ull in Asgard

YGGDRASIL: der Baum der Welt, eine Esche, die alle neun Welten verband. Sie wurde vom Allvater erschaffen, kurz nachdem er die Menschen ins Leben gerufen hatte. Die gewaltigen Wurzeln des Baumes reichten bis nach Asgard, Midgard und Niflheim. Er beherbergte auch wilde Tiere. In seinem obersten Zweig, der seinen Schatten auf Odins Halle in Asgard warf, saß ein Adler. Zwischen dessen Augen hockte ein Falke namens Vedfolnir. Durch die Zweige streiften die Ziege Heidrun und die Rehe Dain, Duneyr, Durathor und Dvalin. Der gefräßige Drache Nidhug nagte an den Wurzeln des Baumes, der auch die Leichen von Übeltätern fraß. Ein redseliges Eichhörnchen namens Ratatorsk lief am Stamm auf und ab und erzählte Lügen über die Dinge, die Adler und Drache von einander gesagt hatten.

YMIR (FORNJOTNR, ORGELMIR): der urweltliche Riese

Links: Ein goldenes Amulett, das die Wikinger um den Hals trugen, so dass es die Brust bedeckte

Nächste Seite: Diese Wikingerkirche in Norwegen wurde um 1300 n. Chr. gebaut.